Birgit Ringlein

Fränkische *Backstub'*

Bambercher Hörnla bis Rothenburger Schneeballen

Fotografiert von Günter Pump

Husum

Fettgeback'nes, Blöcher, Kuchen,
wollt Ihr das einmal versuchen?
Wollt Ihr kosten, schlemmen, naschen,
Käsekuchen, Apfeltaschen?

Franken bietet sehr viel Gutes,
Küchle in der Form des Hutes,
Hörnchen, Plätzchen, Erdbeertorten,
davon gibt es hundert Sorten.

Hochzeit, Taufe, Kerwaleben,
bei allen Festen wird es geben
Krapfen, Dörra Küchla, Strudel,
Zwetschgenkuchen und Rohrnudel.

Rahmblootz, Schmätzle, Eierringe,
beim Naschen ist man guter Dinge.
Mit so vielen feinen Sachen
kann man dem Magen Freude machen.

Wer jedoch das Süße meidet,
wird vielleicht dazu verleidet,
Kraut zu speisen oder Lauch,
denn auch solches füllt den Bauch.

Und durch alle Jahreszeiten
wird Feingeback'nes Euch begleiten.
Ob Käskrapfen oder Nudelschnecken,
das ganze Jahr soll'n sie Euch schmecken!

Kuchen, Schmalzgebackenes, Küchle, Plätzchen, Hefegebäck, Obsttorten haben in der heutigen Zeit das ganze Jahr über Saison.
Früher war das anders. Es war kaum möglich, in der kalten Zeit frische Früchte für die Herstellung von Obstkuchen zu erhalten. Die gute Hausfrau hatte für solche Fälle mit Eingemachtem vorgesorgt. In den Kellern gab es Vorratsregale mit „Weckgläsern", in denen allerlei eingekochte Früchte gelagert wurden. Nur so konnte die Familie auch während eines langen, kalten Winters mit Obst und eingekochtem Gemüse versorgt werden.
Aus diesem Grund waren der späte Frühling und der Sommer die Zeit der frischen, üppigen Obsttorten und -kuchen. Fettgebackenes wurde zwar auch im Sommer zur Kerwazeit aufgetischt, ist aber eigentlich ein typisches Gebäck für die frostigen Tage. Man musste sich einen „Winterspeck" für die kalten Monate zulegen, und was eignet sich mehr für diesen Zweck und schmeckt besser als Schmalzgebäck?

Zu jeder Jahreszeit gab es saisonale Spezialitäten, auf die man sich das ganze Jahr freuen konnte.
So vielfältig und unterschiedlich, wie sich die fränkische Kultur zeigt, so abwechslungsreich ist das Angebot an Backwaren in den verschiedenen Regionen. Ob Mainfranken, die Fränkische Schweiz, das Fichtelgebirge oder der Frankenwald – jeder Landstrich hält ganz besondere Spezialitäten für den nasch- und experimentierfreudigen Feinschmecker bereit.

Rund ums Jahr werden die verschiedenartigsten süßen Gebäcke angeboten:

Am Anfang des Jahres stehen im Januar und Februar Faschingskrapfen auf der Kaffeetafel.

Im Frühjahr ist traditionell die Zeit der Kommunionen und Konfirmationen. Die Küchles-Bäckerinnen produzieren in Heimarbeit riesige Mengen aller Arten von Küchle, vom Knieküchle bis zum Hutkrapfen, die später „ausgetragen" werden, als Dank des Konfirmanden für die erhaltenen Geschenke. Nicht selten werden von einer einzigen Familie 500 Stück und mehr geordert, je nach Größe des Familien- und Bekanntenkreises. Das Küchle ist das meistgefragte fränkische Gebäck und hat deshalb auch das ganze Jahr über Saison. Nicht nur als Konfirmationsgebäck, auch als Kerwaküchle im Sommer erfreut es sich größter Beliebtheit.

Der Sommer bietet Gelegenheit für alle Arten von fruchtigen Leckereien. Die ersten Früchte sind die Mitte bis Ende Mai reifen Erdbeeren, aus denen man die saftigsten Torten und Kuchen zaubern kann. Es folgen Kirschen, Schwarzbeeren, Pflaumen und Zwetschgen, die sich zu

schmackhaftem Kirschenmichl, Schwarzbeerkuchen und jeglicher Art von Obsttorten und -schnitten verarbeiten lassen.
Apfelkuchen in allen Variationen wird im Herbst aufgetischt, ein Hochgenuss mit verschiedenen köstlichen Zutaten. Dekoriert und verfeinert mit Schlagsahne ist er eine Delikatesse für Groß und Klein.
Winter und Weihnachtszeit – in keiner Jahreszeit wird so vielseitiges Backwerk angeboten. Ob im November Lebzelten und Nürnberger Springerle, ob im Dezember Elisenlebkuchen und Coburger Schmätzle, die Rezepte-Vielfalt ist unendlich groß und kaum überschaubar.
Aber nicht nur süße Leckermäuler sollen hier auf ihre Kosten kommen. Wer es herzhaft und deftig, mit Wurst, Speck und Käse, liebt, muss auf Gebäck nicht verzichten. Bratwurst in Blätterteig oder in Tortenform, Zwiebelkuchen oder Kartoffeldätscher laden ein zur zünftigen Brotzeit oder zur Vesper anstelle der nachmittäglichen Kaffeetafel. Dazu sollte man auf jeden Fall ein Gläschen Frankenwein oder ein Bier aus einer der unzähligen fränkischen Brauereien genießen.

Apfelkuchen

Die klassische Form dieses Obstkuchens ist der Blechkuchen, meistens ein Hefeteig, belegt mit Apfelspalten oder fächerförmig eingeschnittenen Vierteln einer säuerlichen Apfelsorte, wie beispielsweise dem Boskop.
Dieses einfache, alte Hausrezept aus der Fränkischen Schweiz wird mit Walnüssen verfeinert und in der Springform gebacken.

Apfelkuchen aus der Fränkischen Schweiz

130 g Butter, 120 g Zucker, 2 große Eier, 150 g Mehl, 50 g Stärkemehl, 1 Päckchen Backpulver, Saft einer halben Zitrone, 500 g säuerliche Äpfel, 75 g Walnüsse (geschält und zerkleinert), Zimtzucker zum Bestreuen.

Die Äpfel waschen, schälen, das Kerngehäuse entfernen, vierteln und den Rücken der Apfelviertel mehrmals mit dem Messer der Länge nach leicht einritzen. Mit dem Zitronensaft beträufeln.
Die Butter zerlassen und mit dem Zucker und einem Ei schaumig rühren, das Mehl mit dem Backpulver vermengen und es anschließend mit dem zweiten Ei unter den Eischaum rühren.
Den Teig in eine gefettete Springform einfüllen, mit den Apfelvierteln belegen, die gewölbte, eingeritzte Seite nach oben. Den Kuchen 10 Minuten im vorgeheizten Ofen bei 180 °C backen, dann die Walnussstücke darauflegen, ebenfalls mit der gewölbten Seite nach oben. Den Kuchen in 30 Minuten bei 180 °C im vorgeheizten Ofen fertig backen.
Vor dem Auskühlen mit Zimtzucker nach Geschmack bestreuen.

Strudel

Der „Strudel" stammt ursprünglich aus den von den Habsburgern regierten Ländern der k.u.k. Monarchie. Von dort fand er seinen Weg in die österreichischen Küchen und ist heute im gesamten Alpenraum – und weit darüber hinaus – eine bekannte und beliebte Mehlspeis', die in vielen verschiedenen Varianten von herzhaft bis süß kreiert wird.
Das älteste überlieferte Rezept für einen „Strudel" stammt aus einer „Koch Puech" betitelten Handschrift aus dem Jahre 1696. Wörtlich ist darin von einem „Mülch Raimb Strudl mit einer millich rumb und semblbrössl-Füllung" die Rede.
Der Apfelstrudel ist also nur eine von vielen Möglichkeiten, die Strudel-Köstlichkeit zu genießen.

Apfelstrudel

Für den Teig: 50 g Butter, 350 g Mehl, 1 Prise Salz, 1 EL Sonnenblumenöl, 100 ml lauwarmes Wasser, Mehl zum Auswalken, Butter fürs Blech.
Für die Füllung: 100 g Semmelbrösel, 100 g Butter, $^1/_2$ Zitrone, 1500 g Äpfel, 100 g Rosinen, 75 g Zucker, 50 g Walnüsse (gehackt), 1 TL Zimtpulver, 200 g Schmand, Puderzucker zum Bestreuen.

Der Teig: Die Butter schmelzen und etwas abkühlen lassen. Mehl, Salz, Öl und Wasser zu einem glatten, geschmeidigen Teig rühren. Zu einer Kugel formen und diese mit der geschmolzenen Butter bestreichen. Mit einem scharfen Messer in der Rundung kreuzweise einschneiden. In Folie wickeln und mindestens zwei Stunden an einem warmen Ort ruhen lassen.

Die Füllung: Die Butter für die Füllung schmelzen und abkühlen lassen. Die Zitronenhälfte pressen. Die Äpfel schälen und vierteln. Anschließend in feine Scheiben schneiden. Mit Zitronensaft beträufeln, damit sie nicht braun werden. Mit Rosinen, Zucker, Walnussstückchen, Zimt und Schmand mischen. Den Teig auf einem großen, bemehlten Küchentuch dünn auswalken, dicke Teigränder abschneiden und die dünne Teigplatte mit etwas flüssiger Butter bestreichen. Den Backofen auf 200 °C vorheizen. Teig mit den Semmelbröseln bestreuen, dabei einen ca. 1 cm breiten Rand frei lassen. Die Füllung auf der Teigplatte verteilen, die Teigränder einschlagen und den Strudel mit Hilfe des Küchentuchs aufrollen. Auf ein mit Backpapier ausgelegtes Blech geben. Mit der restlichen Butter bestreichen. In der Mitte des Backofens 30 bis 35 Minuten backen. Noch heiß mit Puderzucker bestreuen. Vor dem Servieren einige Minuten ruhen und abkühlen lassen.
Den Apfelstrudel warm mit Vanilleeis und Vanillesoße servieren.

Bambercher Hörnla

Geht die Bezeichnung „Hörnla" tatsächlich auf einen Bamberger Bäckermeister namens Pfister Hornlein (Hörnlein?) zurück, der bereits im 14. Jahrhundert hufeisenförmig gebogene Gebäckstücke an seine Kundschaft verkauft haben soll? Es hält sich hartnäckig das Gerücht, dass eines der beliebtesten fränkischen Gebäckstücke gar nicht aus Bamberg, sondern aus Wien kommen soll, wo man im Jahr 1683 die Türken besiegt hatte und mit dieser Backkreation den Sieg über den „Halbmond" feiern wollte.

Das „Bamberger Hörnla" ist bis weit über die Grenzen des Frankenlandes hinaus bekannt. Gibt es etwas Besseres frühmorgens zu einer Tasse Kaffee als ein noch ofenwarmes Hörnla?

Bambercher Hörnla

250 g Mehl, 250 g Quark, 150 g Butter, 1 Ei, 1 Eigelb, 120 g Zucker, 1 Päckchen Vanillezucker, $^1/_2$ TL Hirschhornsalz.

Alle Zutaten bis auf das Eigelb zusammenrühren und zu einem geschmeidigen Teig verarbeiten, etwa 2 cm dicke und 12 cm lange Rollen abteilen und diese zu Hörnchen formen. Die Hörnchen mit Eigelb bestreichen und auf dem mit Backpapier ausgelegten Blech bei 220 °C etwa 20 Minuten backen.

Butterkuchen

Wenn es einmal schnell gehen muss, empfiehlt sich die Zubereitung eines Butterkuchens, der einfach und in kurzer Zeit hergestellt werden kann. In den auf dem Blech ausgewellten Hefeteig werden kleine Mulden gedrückt, in die man Butterflöckchen legt. Dann werden Mandelblättchen und Zucker darübergestreut und das Blech in den Ofen geschoben.
Schon ist ein feiner Kuchen fertig, der ein beliebter Bestandteil der sonntäglichen Kaffeetafel ist und der auch gerne bei Kirchweihfesten angeboten wird, denn mit nur einem Blechkuchen kann man viele Gäste verköstigen.

Butterkuchen vom Blech

Für den Teig: 500 g Mehl, 40 g Hefe, 1 Ei, 75 g Butter, 75 g Zucker, $^1/_2$ l Milch, 1 Prise Salz, Butter zum Fetten des Backblechs.
Für den Belag: 200 ml Sahne, 50 g Zucker, 50 g Puderzucker, 130 g Butterflöckchen, 200 g Mandelblättchen.

Einen Hefeteig bereiten – gehen lassen – auf einem Backblech ausrollen – nochmals gehen lassen.
Mit den Fingern Dellen in den Teig drücken – die Mandeln, den Puderzucker, den Zucker und die Butterflöckchen gleichmäßig darüber verteilen.
Im vorgeheizten Backofen ca. 20 Minuten bei 180–200 °C backen.
Aus dem Ofen nehmen und die Schlagsahne darüber verteilen.

Coburger Schmätzle

Im Fränkischen bedeutet das Wort „Schmätzle“ so viel wie „Küsschen“.

Ein Coburger „Schmätzle“ allerdings ist eine kulinarische Zärtlichkeit der ganz besonderen Art: ein kleines Plätzchen aus Honigteig.

Hergestellt mit ausgesucht feinen Gewürzen und den köstlichsten Nüssen, zeichnet es sich durch seinen unverwechselbaren Geschmack aus. Wer es noch edler und vollkommener wünscht, lässt sich ein Goldschmätzle, mit Schokolade überzogen und mit einem Hauch aus echtem Blattgold geschmückt, kredenzen.

Diese erlesenen Coburger Spezialitäten werden seit mehr als 100 Jahren ausschließlich von der Lebkuchen- und Feingebäckmanufaktur Feyler produziert und vertrieben. Begünstigt durch das reichhaltige Honig-Angebot im Coburger Land entstand dort bereits im Jahre 1643 die Zunft der „Lebküchner“, derjenigen Backwarenhersteller, die damals mit seltenen und kostbaren Zutaten dieses spezielle Gebäck schufen. Als der Bäckermeister Feyler nach seinen Lehr- und Wanderjahren 1892 ins heimische Coburg zurückgekehrt war, existierte das „Schmätzle" bereits als einfacher kleiner Keks, der den Kindern beim Besuch des Lebensmittelgeschäftes als kleines „Dankeschön" für den Einkauf angeboten wurde. Der findige Bäckermeister, der im Jahre 1907 bereits zum Hoflieferanten avanciert war, verfeinerte das Rezept mit allerhand ausgefallenen, exotischen Zutaten und kreierte damit seine Spezialität. Nach erstaunlich kurzer Zeit waren die kulinarischen Kostbarkeiten im wahrsten Sinn des Wortes in aller Munde und bis weit über die fränkischen Grenzen hinaus selbst im europäischen Ausland bekannt. Die kleinen Gebäckstücke zeichneten sich durch die Beigabe von Ölsamen, Zitronat und Orangeat und durch ihren unverwechselbar würzigen Geschmack aus. Heute gehören sie zum traditionellen Coburger Weihnachtsgebäck.

Coburger Schmätzle

500 g Mehl, 1/2 Päckchen Backpulver, 750 g Farinzucker (gelblich-brauner Zucker mit einem leicht malzigen Geschmack), 2 Eier, 50 g Honig, 15 g Trinkschokolade, 10 g Zimt, 10 g Lebkuchengewürz, 50 ml Milch, 100 g mittelfein gehackte Mandeln, 50 g fein gehacktes Zitronat.

Alle Zutaten zu einem geschmeidigen, glatten Teig verkneten. Sollte der Teig zu fest werden, noch etwas Milch dazugeben. Den Teig 60 Minuten zugedeckt im Kühlschrank ruhen lassen. Zu ca. 2 cm dicken Rollen formen, 1,5 cm dicke Scheiben abschneiden, darauf achten, dass der Teig nicht bröckelt, und auf ein mit Backpapier ausgelegtes Backblech legen. Im auf 200 °C vorgeheizten Ofen ca. 20 Minuten backen.
Nach dem Abkühlen können die Schmätzle mit Schokoladenguss überzogen und von Hand mit einem Tupfer echten Blattgolds verziert werden. Mit Coburger Motiven bemalte Blechdosen sind ein besonders stilvoller Aufbewahrungsort für die edle Leckerei und ein beliebtes und begehrtes Weihnachtsgeschenk.

Dampfnudeln

Kein Gebäckstück im üblichen Sinn ist die Dampfnudel. In Österreich als Germknödel, im gesamten süddeutschen Raum unter dem Namen „Dampfnudeln" bekannt, sind es Teigwaren, die im eigenen Dampf in einem geschlossenen Topf gegart werden.
Dampfnudeln werden als Hauptgericht mit Salat, Kraut oder Rahmsauce gegessen oder in der süßen Variante als Nachtisch mit Kompott (Zwetschgen, Blaubeeren oder Kirschen) oder Vanillesauce.

Dampfnudeln

500 g Mehl, 20 g frische Hefe, 500 ml lauwarme Milch, 100 g Zucker, 100 g Butter, 2 Eier, 1 Prise Salz, 100 ml Wasser.

Das Mehl in eine Schüssel sieben und in der Mitte eine Vertiefung formen. Die Hefe hineinbröckeln und mit $^1/_2$ Tasse lauwarmer Milch, 2 TL Zucker und etwas Mehl zu einem Hefevorteig verrühren. Zugedeckt ca. 15 Minuten gehen lassen.
Den Hefevorteig mit etwas weiterem Mehl verrühren. $^1/_4$ Liter lauwarme Milch, den restlichen Zucker, die geschmolzene Butter, die Eier und das Salz auf dem Mehlrand verteilen und alles mit dem gesamten Mehl und dem Hefevorteig zu einem geschmeidigen Teig verrühren und den Teig so lange schlagen, bis er Blasen wirft. Abgedeckt an einen warmen Ort stellen und eine Stunde lang gehen lassen, bis sich die Teigmenge verdoppelt hat.
Aus dem Hefeteig 8 Knödel formen und diese noch einmal ca. 30 Minuten an einem warmen Ort ruhen lassen.
Die Dampfnudeln in einen Topf mit 100 ml Wasser und 1 TL Salz hineinsetztzen. Deckel darauf und bei kleiner Stufe ca. 15–20 Minuten im Dampf garen.
Dort, wo die Dampfnudeln den Topf berühren, entwickeln sie beim Verkochen des Salzwassers eine goldbraune, knusprige Kruste. Weil diese Kruste leicht am Topfboden kleben bleibt, wird zum Garen ein Topf mit dickem Boden empfohlen.

Dinkelsbühler Schneckennudeln

Eng mit der Geschichte der Dinkelsbühler Kinderzeche verbunden ist die Dinkelsbühler Schneckennudel, ein traditionelles Gebäckstück in Form eines Schneckenhauses, das zur Feier des Festspiels hergestellt und serviert wird.
Der Sage nach wurde die Stadt Dinkelsbühl während des Dreißigjährigen Krieges im Frühjahr 1632 wochenlang vom protestantischen Schwedenheer belagert. Als die katholischen Stadtväter bereits kapitulieren und ihre Stadt den Feinden übergeben wollten, zog die beherzte Tochter des Turmwächters, die Kinderlore, zusammen mit den anderen Kindern der Stadt den einziehenden Schweden entgegen. Der gegnerische Heerführer Sperreuth war beeindruckt von so viel Mut und Tollkühnheit und verschonte die Stadt vor der Brandschatzung und Plünderung durch seine Soldaten. Die Kinder hatten ihre Stadt vor der Vernichtung durch das feindliche Schwedenheer gerettet. Seit hundert Jahren bietet die mittelalterliche Stadt die Kulisse für das sehenswerte Festspiel der Dinkelsbühler Kinderzeche.

Dinkelsbühler Schneckennudeln

Nach einem Rezept von 1848:
Zu einem Vierling Mehl nimmt man $^1/_4$ Pfund Butter oder Schmalz, rührt dies mit 2 Eiern ganz fein ab und klopft den Teig tüchtig.

Einen Vierling Butter mit 2 Eiern fein gerührt, 1 Zitrone am Zucker (grober Hutzucker) abgerieben, 1 Loth Mandeln, 2 Loth Zitronat und Pomeranzenschalen Zimt, Weinbeeren und Rosinen nach Belieben.
Dies alles durcheinander gemacht und die Nudeln damit bestrichen.
Teig wird zunächst ausgerollt, bestrichen, aufgerollt und dann gebacken.

Maßeinheiten: 1 Vierling = 140 g, 1 Loth = 17,5 g, 1 altes Pfund = 560 g

Ebermannstädter Apfelschnitten

Nicht nur für ihre Kirschen und Erdbeeren ist die Fränkische Schweiz bekannt, auch Äpfel gedeihen hier prächtig. Wahrscheinlich gibt es aus diesem Grund in der Gegend um das Walberla besonders viele hervorragende Obstkuchen-Rezepte. Denn die Früchte, die nicht in die Obstbrennerei wandern, werden zu den leckersten und appetitlichsten Kuchen und Süßspeisen verarbeitet.

Ebermannstädter Apfelschnitten

Für den Teig: 500 g Mehl, 75 g Butter, 1 Päckchen Trockenhefe, 75 g Zucker, $^1/_2$ l lauwarme Milch, 1 Ei, Salz.
Für den Belag: 1000 g Quark, 125 ml Milch, 4 große Eier, 150 g Zucker, 1 Päckchen Bourbon-Vanillezucker, 1000 g säuerliche Äpfel, Zimtzucker zum Bestreuen.

Die Butter schmelzen und etwas abkühlen lassen. Das Mehl und die Trockenhefe mischen. Zucker, Salz, Ei, lauwarme Milch und die Butter dazugeben. Alles gut vermischen und zu einem geschmeidigen, glatten Teig verarbeiten.

Den Teig abgedeckt an einem warmen Ort ca. 30 Minuten gehen lassen. Danach auf einer gut bemehlten Arbeitsfläche kurz durchkneten und ihn so ausrollen, dass die Teigplatte etwas größer als das Backblech wird. Das Blech fetten und die Teigplatte auflegen. Den

Rand an den Seiten hochziehen. Noch einmal abgedeckt 30 Minuten gehen lassen. Den Backofen auf 200 °C vorheizen.

Für den Belag den Quark mit der Milch verrühren. Die Masse gleichmäßig auf die Teigplatte streichen. Eier, Zucker und Vanillezucker vermischen und vorsichtig über das Quarkgemisch gießen. Die Äpfel schälen und vierteln, Kerngehäuse entfernen und das Fruchtfleisch in dünne Spalten schneiden. Die Apfelspalten dachziegelartig auf die Ei-Zucker-Masse legen. Noch einmal abgedeckt 15 Minuten ziehen lassen.

30 Minuten goldbraun backen. Abkühlen lassen, mit Zimtzucker bestäuben und zu Schnitten schneiden.

Eierring und Patenbündel

Der Eierring ist ein traditionsreiches, typisch fränkisches Ostergebäck, das aus süßem Hefeteig hergestellt wird. Es symbolisiert die Dornenkrone Christi und bildet den optischen Mittelpunkt des „Patenbündels".
Das Patenbündel war das traditionelle Oster-Geschenk der Pateneltern für ihr Patenkind. Dabei handelte es sich um ein großes, weißes Leintuch, das oben an allen vier Ecken zusammengeknotet wurde, nachdem man die Patengeschenke darin verstaut hatte. Die Geschenke bestanden aus dem Eierring, in den ein Teller mit zwölf bunt gefärbten Eiern gestellt wurde, sowie dem zum Teller passenden Trinkbecher. Bekam man jedes Jahr ein „Patenbündel", so war zum Zeitpunkt der Konfirmation ein Porzellanservice komplett.
Die Patenbecher waren bunt bemalt, mit Goldrand und Sinnsprüchen verziert. Heute sind sie begehrte Sammlerobjekte.

Eierring

500 g Mehl (Typ 550), 1 Prise Salz, 50 g Zucker, 1/4 l Milch, 25 g Hefe, 75 g Butter, 2 Eier, abgeriebene Zitronenschale (nicht gespritzt), 1 EL Milch, 30 g Hagelzucker.

Um einen besonders lockeren Zopf herzustellen, sollten alle Zutaten Zimmertemperatur haben.
In einer großen Schüssel Mehl, Salz und Zucker mischen.
Die Milch kurz anwärmen. Darin die frische Hefe auflösen und die Butter darin schmelzen. Die Hefemilch unter das Mehl kneten. Ein Ei dazugeben und gut unterkneten. Die abgeriebene Zitronenschale dazugeben und so lange kneten, bis der Teig sich leicht vom Schüsselrand ablöst.

Den Teig in einer leicht bemehlten Schüssel abgedeckt so lange an einem warmen Ort gehen lassen, bis er sich im Umfang etwa verdoppelt hat. Noch einmal mit der Hand auf einer leicht bemehlten Arbeitsfläche gut durchkneten und in zwei gleich große Stücke teilen.
Jedes Stück zu einer Teigrolle von ca. 80 cm Länge formen, die an den beiden Enden spitz zulaufen. Beide Teigrollen zopfartig locker übereinanderlegen, flechten und den Zopf zu einem Ring formen.
Den Hefering auf ein mit Backpapier bedecktes Backblech legen und abgedeckt noch einmal eine gute halbe Stunde gehen lassen.
Den Eierring mit einer Mischung aus einem Ei, 1 EL Milch und je einer Prise Zucker und Salz gleichmäßig einstreichen, mit Hagelzucker bestreuen und im auf 200 °C vorgeheizten Ofen 15 Minuten backen. Danach die Temperatur auf 175 °C reduzieren und den Teig mit Backpapier abdecken, damit er nicht verbrennt. 30 Minuten weiterbacken. Gut auskühlen lassen.

Elisenlebkuchen

Bereits im 14. Jahrhundert war die Reichsstadt Nürnberg ein blühendes Handelszentrum mit mehr als 20000 Einwohnern. Die Nürnberger „Pfeffersäcke" (durch den Gewürzhandel reich gewordene Kaufleute) importierten exotische Gewürze aller Art aus dem fernen Orient, und in den riesigen, um die Stadt gelegenen Wäldern fanden sich mehr Imkereien als anderswo im Land. Damit waren die besten Voraussetzungen für die Herstellung des Nürnberger Lebkuchens gegeben. Schon frühzeitig gab es die verschiedensten Arten vom herzhaften, dunklen Honigkuchen bis hin zum feinen, weißen Gebäck, das mit Mandeln verziert wurde. Einfallsreiche Bäckermeister tüftelten an einem neuen, einzigartigen Gebäckstück und erfanden zugleich mit der wohl bekanntesten Nürnberger Spezialität, dem Lebkuchen, den neuen Berufsstand der „Lebküchner".

Der Sage nach soll im Jahre 1720 die einzige Tochter eines bekannten Lebküchners, die schöne Elisabeth, todkrank gewesen sein. Um sein einziges Kind zu erfreuen und zu trösten, fertigte der Vater einen Lebkuchen mit den allerbesten und teuersten Gewürzen und Zutaten wie Bienenhonig, Zimt, Nelken, Muskat und Haselnüssen. Nach dem Verzehr dieses Gebäcks erholte sich die Kranke, und das Gebäck wurde fortan als „Elisenlebkuchen" in der ganzen Welt bekannt.

Elisenlebkuchen

350 g Zucker, 6 Eier, 250 g gemahlene Haselnüsse, 250 g gemahlene Mandeln, 200 g fein gehacktes Zitronat, 200 g fein gehacktes Orangeat, 2 Msp. Nelkenpulver, 2 Msp. gemahlene Muskatnuss, 2 TL Zimt, abgeriebene Schale von 2 ungespritzten Zitronen, 1 Päckchen runde Lebkuchenoblaten, 250 g Puderzucker, Saft einer halben Zitrone, 3 EL Rosenwasser, ganze Mandeln und Liebesperlen für die Verzierung.

Die Eier mit dem Zucker schaumig rühren. Nelkenpulver, Muskatpulver, Zimt und Zitronenschale hinzufügen. Nacheinander gemahlene Mandeln und Nüsse unterrühren, das Zitronat und Orangeat unterheben.
Teig mit zwei Teelöffeln, die immer wieder angefeuchtet werden, auf die Oblaten häufen und das Ganze im vorgeheizten Ofen bei 150 °C 25–35 Minuten backen.
Während die Lebkuchen backen, aus Puderzucker, dem Saft einer halben Zitrone und dem Rosenwasser eine Glasur herstellen.
Die Lebkuchen aus dem Ofen nehmen und sofort, in noch heißem Zustand, mit der Glasur bestreichen und nach Belieben mit ganzen Mandeln verzieren oder mit ein paar Liebesperlen bestreuen.

Faschingskrapfen

Schmalzgebackenes hat in Franken Tradition. Zu allen hohen kirchlichen oder familiären Festtagen gibt es die verschiedensten Formen von Küchle und Krapfen, von rund bis quadratisch oder rechteckig oder gedreht, mit oder ohne Füllung. Der schon im Althochdeutschen beschriebene „Kraffo" (Kralle) wird nicht – wie andere Kuchen oder Plundergebäck – im Ofen, sondern auf dem Herd in einer großen Pfanne im heißen Schmalz schwimmend gebacken. Am „Schmalzigen Samstag" ist es mancherorts heute noch Brauch, so viel Fettgebackenes herzustellen, dass man genügend Gebäck im Haus hat, um bis zum Faschingsdienstag alle Gäste zu verköstigen.
Der Faschingskrapfen ist ein Hefekloß, der mit Marmelade oder Fruchtgelee gefüllt und mit Puderzucker bestäubt wird.

Faschingskrapfen

$^1/_4$ l lauwarme Milch, 1 Würfel frische Hefe, 400 g Mehl, 150 g Haferflocken, 50 g Butter, 2 große Eier, 150 g Hagebuttenmarmelade (ersatzweise Erdbeermarmelade), 1 Prise Salz, Puderzucker zum Bestreuen, Butterschmalz zum Ausbacken.

Die Butter schmelzen. Die Hefe in der Milch auflösen. Mehl, Haferflocken, Butter, Eier sowie Salz miteinander verkneten und langsam die Hefemilch zufügen. Den Teig zugedeckt 30 Minuten an einem warmen Ort gehen lassen, in zwei Hälften teilen und fingerdick ausrollen.
Auf einer Teigplatte mit einem Glas Kreise leicht eindrücken (nicht ausstechen!) und in die Mitte eines jeden Kreises einen Teelöffel Marmelade geben. Die andere

Teighälfte darüberlegen und mit dem gleichen Glas die Krapfen um die Marmelade herum ausstechen.
Den restlichen Teig erneut verkneten und den Vorgang wiederholen. Die fertigen Hefeklöße noch einmal 30 Minuten gehen lassen, bis sie um die doppelte Größe aufgegangen sind.
Das Schmalz erhitzen und die Krapfen von beiden Seiten schwimmend ausbacken. Herausnehmen und auf Küchenpapier abtropfen lassen. Mit Puderzucker bestreut servieren.

Forchheimer Urrädla

Das auch als „Braada Küchle" bezeichnete Gebäckstück ist besonders in der Fränkischen Schweiz, und dort im Forchheimer Raum, sehr beliebt. Hierbei handelt es sich um Schmalzgebäck in gekräuselter Rundform, das nur zu ganz besonderen Anlässen wie Hochzeit, Taufe, Konfirmation und Kommunion oder zur traditionellen Kerwa hergestellt wird.
Da für jedes „Urrädla" ein Eigelb benötigt wird, war es, besonders in früheren Zeiten, ein kostspieliges Vergnügen, größere Mengen davon zu backen und Familienmitglieder damit zu beschenken. Für den Paten allerdings wurden stets zwei Gebäckstücke vorgesehen, denn wer mit zwei „Urrädla" beschenkt wurde, dem wurde eine ganz besondere Ehre zuteil.

Forchheimer Urrädla oder Braada Küchle

150 g Butter, 2 Päckchen Vanillezucker, 10 Eigelb, 400 g Mehl, 150 g saure Sahne, ein Schuss Zwetschgenwasser (nach Geschmack), Butterschmalz zum Ausbacken, Puderzucker zum Bestreuen.

Die Butter schmelzen und danach etwas abkühlen lassen. Mit dem Handrührgerät schaumig schlagen, dann nach und nach langsam den Zucker einrieseln lassen. Ein Eigelb dazu, ca. eine halbe Minute unterrühren, danach das nächste Eigelb dazugeben, so lange, bis alle Eigelbe in die Butter-Zucker-Masse eingerührt sind. Danach das Mehl darübersieben und unterrühren, zum Schluss die saure Sahne und (wer es mag) das Zwetschgenwasser dazugeben. Noch einmal gut verrühren, bis ein fester Teig entsteht.
Den Teig in golfballgroße Kugeln portionieren und jede Kugel auf einer gut bemehlten Fläche so dünn wie möglich mit dem Nudelholz auswalken.

Über eine umgedrehte Schüssel ein sauberes Küchentuch breiten. Den ausgewalzten Teig für ein Urrädla auf das Küchentuch legen, darüber wieder ein sauberes Küchentuch, darauf den Teig für ein Urrädla … und so weiter, bis alle Teigteile aufeinandergeschichtet sind.
In einer großen Pfanne das Butterschmalz sehr heiß werden lassen, darin mit Hilfe von zwei Pfannenwendern die einzelnen Urrädla rundlich zusammenschieben, wenden und im heißen Fett goldbraun werden lassen.

Frankenwälder Blöcher

Eine Spezialität aus dem Frankenwald ist das zylinderförmige, innen hohle Schmalzgebäck mit dem Namen „Blöcher". Der Name leitet sich aus der Flößerei ab, die viele hundert Jahre lang eine der Haupteinnahmequellen der dortigen Bevölkerung war. „Blöcher" wurden die besonders dicken, wertvollen Baumstämme genannt, die von den Frankenwälder Flößern auf dem Main und Rhein bis nach Holland transportiert wurden.
Wenn aber einmal im Jahr „Kerwa" (Kirchweih) gefeiert wurde, kam der „Blöcher" zu besonderen Ehren, denn er wurde nur zu diesem Anlass hergestellt und auf den Tisch gebracht. Noch heute wird er auf traditionelle Weise zu festlichen Gelegenheiten gebacken und serviert, allerdings nicht nur zur Kirchweih, sondern auch bei anderen Festivitäten.

Frankenwälder Blöcher

1500 g Mehl, 500 g Butter, 2 Eigelb, 150 g Zucker, Saft $^1/_2$ Zitrone, etwas Salz, $^3/_4$ l Schlagsahne, 2 EL Arrak, Backpulver.

Die Butter schmelzen und zusammen mit dem Zucker unter das gesiebte Mehl mischen.
Das Eigelb, eine Prise Salz und das Backpulver unter den Teig mengen, den Arrak und Zitronensaft dazugießen und alles gut verkneten. Die Schlagsahne sehr steif schlagen und anschließend unter den Teig heben. In einem abgedeckten Behältnis über Nacht im Kühlschrank ruhen lassen.
Am nächsten Tag den Teig auf spezielle Blöcher-Rundeisen wickeln und in kochendem Fett goldbraun ausbacken, bis er sich vom Rundeisen ablöst. Danach abkühlen lassen und mit Puderzucker bestreut servieren.

Fränkische Erdbeertorte

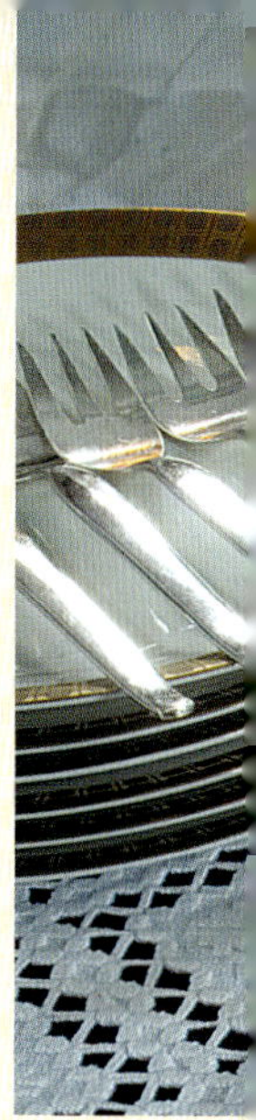

Franken zählt zu den Hauptanbaugebieten der deutschen Erdbeere. Wen wundert es da, dass es im Fränkischen eine Vielzahl von Backrezepten für Erdbeerkuchen und -torten sowie Süßspeisen mit Erdbeeren gibt? Wenn Mitte bis Ende Mai die Erntezeit der heimischen Früchte beginnt, dann sollte diese Obsttorte mit aromatisch-frischen, fränkischen Erdbeeren auf keiner sommerlichen Kaffeetafel fehlen.

Fränkische Erdbeertorte

500 g Erdbeeren, 3 Eier, 250 g Zucker, 50 ml Milch, 100 g Mehl, 60 g Speisestärke, $^{1}/_{2}$ Päckchen Backpulver, 6 Blatt Gelatine, 500 g Magerquark, 150 ml Eierlikör, 1 Becher Schlagsahne, 120 g Erdbeermarmelade, 1 Päckchen roter Tortenguss, 3 EL gehackte Mandeln.

Die Eier mit der Milch mischen und schaumig rühren. Die Hälfte des Zuckers einrieseln lassen und verrühren. Mehl, Stärke und Backpulver vermischen und zum Ei-Zucker-Gemisch geben.
Eine Springform mit Backpapier auskleiden und den Teig einfüllen. Bei 175 °C 20–25 Minuten backen. Den Kuchenboden aus der Form stürzen und auskühlen lassen.

Die Gelatine einweichen. Den Quark mit dem Eierlikör und dem restlichen Zucker glatt rühren. Die aufgelöste Gelatine unter den Quark heben. Die Hälfte der Sahne steif schlagen. Sobald die Quarkmasse fest ist, die geschlagene Sahne darunterheben.
Den Biskuitboden quer durchschneiden, mit Marmelade bestreichen, Tortenring rundherum setzen. $^2/_3$ der Quarkcreme darauf verteilen, danach den zweiten Boden daraufsetzen und mit der restlichen Quarkcreme bestreichen. Im Kühlschrank kalt stellen.
Vor dem Servieren die Erdbeeren gut waschen, putzen und halbieren, anschließend auf der Torte verteilen. Den Tortenguss (laut Angabe auf dem Päckchen) mit Wasser und Zucker aufkochen, leicht abkühlen lassen und über die Erdbeeren gießen. Kühl stellen. Die restliche Schlagsahne steif schlagen, die Torte damit verzieren und mit den gehackten Mandeln bestreuen.

Fränkische Landfrauentorte

Für den Teig: 100 g Mehl, 50 g Butter, 30 g Puderzucker, 2 EL kalte Milch.
Für die Füllung: 8 Blatt Gelatine, 3 Eigelb, 3 Eiweiß, 100 g Puderzucker, 500 g Quark (40 %), 1 Päckchen Vanillezucker, Saft einer halben Zitrone, 100 g gemahlene Mandeln, 250 ml Sahne, 5 EL Erdbeermarmelade, 200 g Löffelbiskuit, 4 EL Rum, 300 g Erdbeeren, Schlagsahne für die Dekoration, Butter für die Tortenform.

Alle Zutaten für den Teig miteinander verkneten. Springform einfetten und den Teig darauf ausrollen.
Im vorgeheizten Backofen bei 200 °C ca. 12–15 Minuten backen.
Eigelbe mit Puderzucker und Vanillezucker schaumig rühren. Quark, Zitronensaft und Mandeln unterheben. Die Gelatine auflösen und unter die Quarkmasse heben. Sahne steif schlagen und unterheben, zum Schluss das Eiweiß steif schlagen und zur bereits gelierenden Quarkmasse geben.
Den erkalteten Tortenboden mit 2 EL Marmelade bestreichen. Die Hälfte der Löffelbiskuits über die Marmelade legen und diese mit 2 EL Rum beträufeln. Die Hälfte der Quarkcreme darauf verteilen. Mit den restlichen Löffelbiskuits belegen. Diese wiederum mit Rum beträufeln. Mit der restlichen Creme bestreichen. Mindestens zwei Stunden im Kühlschrank kühlen.
Die Erdbeeren waschen, putzen und halbieren. Die Torte damit belegen. Die restliche Marmelade leicht erwärmen und damit die Erdbeeren bestreichen. Bis zum Servieren in den Kühlschrank stellen.
Vor dem Servieren mit Sahnetupfen dekorieren.

Kerwa-Kirschkuchen

Im Städtedreieck Bamberg – Bayreuth – Nürnberg liegt eines der größten Kirschanbaugebiete Deutschlands – in der Fränkischen Schweiz.
Noch vor einigen Jahrzehnten gab es in jedem bäuerlichen Obstgarten einen, meist aber mehrere Kirschbäume. Und wenn man etwa in Gollenbach, am Fuße der Neubürg, im Sommer Kerwa feierte, wurde „aufgebacken", denn man erwartete, außer den zahlreichen Familienmitgliedern, Kerwa-Besuch aus der Nachbarschaft und aus der Stadt. Neben Kerwa-Küchle, Spritzkuchen und Dörra Küchle war der „Kerschakuung" das beliebteste Gebäck, um die zahlreichen Gäste, die zum Nachmittags-Kaffee vorbeischauten, zu bewirten.

Gollenbacher Kerwa-Kirschkuchen

Für den Boden: 200 g Mehl, 100 g Zucker, 130 g Butter, 1 großes Ei, 1 Päckchen Vanillezucker, 1 Päckchen Backpulver, Butter und Semmelbrösel für die Form.
Für die Füllung: 1 Glas Sauerkirschen, 1 Päckchen Sahnepudding.
Für den Belag: 4 Eigelb, 4 Eiweiß, 250 g Schmand, 50 g Zucker, 1 EL Mehl.

Boden: Butter schmelzen und mit den restlichen Zutaten zu einem glatten Teig verrühren. Den Teig in eine gefettete, mit Semmelbrösel bestreute Springform geben, den Rand hochziehen. Die Kirschfüllung hineingeben und im vorgeheizten Backofen bei 190 °C etwa 35 Minuten backen.
Füllung: Die Kirschen abgießen, den Saft auffangen. Die Kirschen entsteinen. Das Puddingpulver mit dem Kirschsaft aufkochen. Anschließend die Kirschen in den heißen Pudding geben und unterrühren.

Belag: Eiweiß steif schlagen. Die anderen Zutaten vermischen. Den Eischnee vorsichtig unter die Eigelbmasse heben. ACHTUNG: Nicht rühren, sonst wird die Masse zu flüssig.
Den Belag nun auf die heißen Kirschen geben und erneut 15 Minuten bei 175 °C backen.

Anmerkung: Anstelle von Schmand kann man auch Mascarpone nehmen, dann wird der Kuchen allerdings kalorienreicher, schmeckt aber womöglich noch besser.

Hollerküchle

Hollerküchle (Holunderküchle) eignen sich gut dazu, als feiner Nachtisch serviert zu werden.
Dazu werden frisch aufgeblühte Holunderdolden verwendet, die erst in den Teig getaucht und danach in heißem Butterschmalz ausgebacken werden.
Vor dem Servieren werden sie mit Zimt und Zucker bestreut.
Hollerküchle gibt es während der Holunderblüte.

Hollerküchle

12 Holunderblütendolden, 2 Eier, 2 EL Mineralwasser, 1 EL Zucker, 4 EL Mehl, $^{1}/_{2}$ TL Backpulver, 3 EL Milch, 100 g Butter oder Butterschmalz zum Ausbacken, Zimt und Puderzucker zum Bestreuen.

Eier und Mineralwasser gut verrühren. Zucker, mit Backpulver vermischtes Mehl und Milch zugeben. Alles zu einem dickflüssigen Teig verrühren. Die Holunderblüten vorsichtig abbrausen, gut abtropfen lassen. Jede Dolde einzeln in den Teig tauchen und im heißen Fett schwimmend ausbacken.
Die gebackenen Blüten kurz auf Küchenkrepp legen, mit Puderzucker bestäuben und heiß servieren.

Hörnlas-Lebkuung

Zwar kein klassisches Lebkuchenrezept, aber als Resteverwertung außerordentlich beliebt und zudem einfach und lecker ist dieses vorweihnachtliche Rezept, bei dem altbackene Bamberger Hörnchen oder Croissants Verwendung finden.

Hörnlas-Lebkuung

7 alte Croissants oder Butterhörnchen, 400 ml Mineralwasser, 3 Eier, 600 g Zucker, 5 g Hirschhornsalz, 1 Nelke, 1 Päckchen Lebkuchengewürz, 250 g Mehl, 500 g gemahlene Haselnüsse, 200 g Zitronat und Orangeat, Lebkuchenoblaten, Kuchenglasur zum Bestreichen.

Die Gebäckstücke in kleine Teile schneiden und in Mineralwasser einweichen. Wenn sie etwas Wasser gezogen haben, daraus und aus den restlichen Zutaten einen glatten Teig bereiten. Orangeat und Zitronat vorher fein hacken. Auf die Lebkuchenoblaten streichen.

Im vorgeheizten Ofen bei 180 °C etwa 20–25 Minuten backen.

Abkühlen lassen.

Danach mit Schokoladenguss überziehen.

Hutzelbrot

Es gilt als eines der ältesten Weihnachtsgebäcke im bayerischen Raum: Für das beliebte Früchtebrot gibt es zahlreiche Bezeichnungen, wie zum Beispiel Kletzenbrot, Birnweck, Birnzelten, Früchtebrot, Birnbrot, Schnitzbrot. „Hutzeln" bezeichnet in einigen bayerischen Dialekten getrocknete Birnenschnitze, die als Backzutat benötigt werden. Des Weiteren werden getrocknete Früchte wie Aprikosen, Pflaumen und Rosinen beigefügt. Am Zucker wurde früher gespart, denn die Süße erhielt das Brot durch die Trockenfrüchte.

In den alten Rezepten wurden nur Trockenbirnen und -pflaumen verwendet, doch als der Gewürzhandel mit dem Orient florierte, kamen exotische Zutaten wie Feigen und Rosinen hinzu. An Gewürzen und Früchten aus dem Osten mangelte es den Nürnberger „Pfeffersäcken", den wohlhabenden Kaufleuten, nicht; sie konnten ihre Backwaren mit allerlei erlesenen Ingredienzien verfeinern.

Der „Andreastag" am 30. November war vielerorts der Auftakt für die Weihnachtsbäckerei. Das Hutzelbrot wurde als eines der ersten Weihnachtsgebäckstücke gebacken, denn es sollte vor dem Anschnitt längere Zeit lagern. Am Heiligen Abend oder am Stephanstag (26. Dezember) war es dann so weit: Der Hausherr schnitt das Hutzelbrot an und verteilte es unter den Hausbewohnern. Auch die Kinder und das Gesinde bekamen ihren Anteil. Selbst die Tiere erhielten als

„Maulgabe" einen Teil des Früchtebrotes. Dies sollte Glück im Stall für das kommende Jahr bringen.
In das rituelle Anschneiden des Brotes wurde einiges hineingedeutet: War der Anschnitt rau und uneben, so prophezeite dies ein raues, bewegtes Jahr. Ein glatter Anschnitt stand für Glück und Wohlstand.

Hutzelbrot

500 g Dörrbirnen, 500 g klein geschnittene Trockenpflaumen, $^{1}/_{4}$ l brauner Rum, 250 g klein geschnittene Dörrfeigen, 250 g gehackte Mandeln, Hasel- und Walnüsse, 250 g Rosinen, 200 g Orangeat, 200 g Zitronat, 75 g Hefe, 1000 g Mehl, 100 g Zucker, 2 TL Zimtpulver, 1 Prise Salz, 1 Prise gemahlene Nelken, geriebene Zitronenschale von 1 Zitrone, etwa 300 ml Wasser gemischt mit 50 ml frisch gepresstem Orangensaft.

Dörrbirnen und die Trockenpflaumen über Nacht in Rum einweichen.
Am nächsten Tag die eingeweichten Früchte in mit Orangensaft gemischtem Wasser aufkochen. Aus dem lauwarmen Kochsud mit Hefe, Mehl, Zucker und Gewürzen einen Teig bereiten. Zuletzt die Früchte und Nüsse untermengen. In 4 etwa gleich große Brotlaibe formen und abgedeckt an einem warmen Ort ca. 30 Minuten gehen lassen.
Im vorgeheizten Backofen bei 150 °C 50 Minuten backen. Die noch heißen Laibe mit Milch bestreichen.

Kartoffeldätscher

In Rhön-Grabfeld in Unterfranken, im nördlichsten Landkreis Bayerns, ist eine besondere Spezialität zu Hause: Der Kartoffeldätscher.
Hierbei handelt es sich um einen Blechkuchen, der aus Kartoffeln und Mehl hergestellt und mit den verschiedensten Gewürzen und Kräutern, aber auch mit Obst belegt werden kann. Je nach Jahreszeit (und Geschmack) wird dafür Kümmel, Mohn, Schnittlauch, Liebstöckel, Petersilie, Sesam, aber auch Pflaumen oder Zwetschgen verwendet. Der eigenen Phantasie sind bei der Vorbereitung des Belags keine Grenzen gesetzt.

Kartoffeldätscher süß

Für den Teig: 1000 g gekochte Kartoffeln, 250 g Mehl, 20 g Frischhefe, 1/2 TL Salz, lauwarmes Wasser.
Für den Belag: 150 g Quark, 200 ml Sahne, 1 Ei, Sesam, Pflaumen.

Für den Teig: Die Hefe mit wenig lauwarmem Wasser auflösen. Die noch warmen Kartoffeln durch die Presse drücken und mit dem Mehl, der Hefe und dem Salz zu einem glatten Teig kneten. Auf einem gut gefetteten Backblech auswellen und einen Rand andrücken.
Für den Belag: Alle Zutaten, außer den Pflaumen, gut vermischen und die Masse auf dem Teig streichen. Die Pflaumen waschen, längs einschneiden, Stein entfernen und auf der Quarkmasse verteilen.
Im vorgeheizten Backofen bei 220 °C ca. 30 Minuten backen.

Kerschamichl

Ob Kirschenmichel oder Ofenschlupfer – das hängt davon ab, ob man lieber Kirschen oder Äpfel mag. Beide Aufläufe sind sehr schmackhaft und haben den Vorteil, dass man altbackenes Weißbrot oder alte Semmeln dafür verwenden kann. Auf jeden Fall ist der Kirchenmichel ein leichtes und fruchtiges Gericht, das gerne während der heißen Jahreszeit angeboten wird.

Kerschamichl

10 alte Semmeln, 400 ml handwarme Milch, 1000 g entsteinte Kirschen (oder Sauerkirschen aus dem Glas, ohne Flüssigkeit), abgeriebene Schale einer Bio-Zitrone, 100 g Butter, 4 Eigelb, 100 g Zucker, 1 Prise Zimt, 4 Eiweiß (Eischnee), Butter für die Form und für die Butterflöckchen.

Die Semmeln in Scheiben schneiden. In der handwarmen Milch einweichen.

Butter, Eigelb und Zucker schaumig rühren, Zimt und abgeriebene Zitronenschale unterheben. Diese Eimasse in eine gebutterte Auflaufform füllen. Die eingeweichten Semmeln in die Masse legen. Kirschen und Eischnee darübergeben. Butterflöckchen darüber verteilen.

Im vorgeheizten Backofen bei 175 °C ca. 60 Minuten backen.

Dazu schmecken Schlagsahne, Vanilleeis oder Vanillesauce.

Knieküchle

Zweimal jährlich ist Saison für das traditionelle Knieküchle: In der Faschingszeit und während der Kerwa ist es das klassische fränkische Festgebäck.
Im Gegensatz zum Knieküchle, von dem man sagt, dass es über das frisch gewaschene Knie der Bäckerin gezogen werden muss, um seinen flachen, wulstigen Rand und eine dünne, hellgelbe Haut in der Mitte zu erhalten, zeigt der „Hutkrapfen" durch seine hohe Hutform beinahe mehr Höhe als Breite. Noch heute kennen fränkische Küchles-Bäckerinnen den Spruch: „Wennst scheena Kiegla willst, brauchst braade Knie!"
Das in der kalten Jahreszeit so beliebte Fettgebackene kam schon bei unseren Vorfahren auf den Tisch. Vor Beginn der Fastenzeit am Aschermittwoch wurde noch einmal richtig geschlemmt und man füllte sich den Magen mit fetten und ballastreichen Speisen, um den kulinarischen Entbehrungen während des sechswöchigen Fastens besser standhalten zu können. Mittlerweile beschränkt sich aber der Verzehr von Krapfen und Küchle nicht mehr ausschließlich auf die kalte Jahreszeit. Besonders an Festtagen wie Firmung und Konfirmation wird Schmalzgebackenes traditionell an Geschenke-Geber „ausgetragen", d. h. jeder, der dem Konfirmanden oder Firmling ein Geschenk zukommen lässt, wird mit einem Kuchenpaket belohnt, in dem die „Kiegla" nicht zu knapp bemessen sein dürfen.

Knieküchle

1000 g Mehl, 75 g Zucker, 150 g Butter, 250 g lauwarme Milch, 4 Eier, 2 Würfel frische Hefe, 1 Prise Salz, Butterschmalz zum Ausbacken, Puderzucker zum Bestreuen.

Mehl in eine Schüssel füllen, in die Mitte eine Vertiefung drücken. Hefe in eine Tasse lauwarmer Milch bröckeln und mit einem TL Zucker mischen. Die Hefemilch in die Vertiefung gießen, an den Rändern leicht verrühren. Den Vorteig 30 Minuten abgedeckt an einem warmen Platz gehen lassen.
Mit der restlichen Milch, der Butter, dem restlichen Zucker und den Eiern einen Hefeteig kneten. Die Arbeitsfläche mit Mehl bestäuben.
Tennisballgroße Kugeln formen, auf das Brett legen und gehen lassen. Aus jeder Kugel über den Handrücken das Küchle ziehen, sodass ringsherum ein wulstiger Rand und in der Mitte eine dünne Teighaut entsteht, die nicht einreißen darf.
In der Pfanne das Butterschmalz sehr heiß werden lassen und die Küchle im Fett schwimmend goldbraun ausbacken. Zum Fettabtropfen auf Küchenpapier legen und danach mit Puderzucker bestäuben.

Krätzaweggla

Ein durch und durch oberfränkisches Gebäckstück ist das „Krätzaweggla", das seinen Namen von der „Krätz'n" ableitet, dem geflochtenen Weidenkorb, in dem die Bäckerin ihre frisch gebackene Ware an den Markttagen zu transportieren pflegte.
Es handelt sich dabei um eine süße Milchsemmel, die im Gegensatz zum „normalen Weggla" (mit nur einem Einschnitt) durch zwei Einschnitte mit dem Messer dreigeteilt ist. Schon vor mehr als 150 Jahren war das „Krätzaweggla" ein beliebtes Mitbringsel für Wöchnerinnen und wurde nur auf Bestellung beim Bäcker gebacken.
Heutzutage liegt das „Krätzaweggla" vor Festtagen beim einen oder anderen Bäckermeister in der Auslage und ist auch ohne Vorbestellung zu erhalten.

Krätzaweggla

500 g Mehl, 100 g Butter, 100 g Zucker, 150 g Milch, 2 Eier, 40 g Hefe, 1 Prise Salz.

Mit einem Teil Mehl, Milch und Hefe einen Vorteig herstellen. Diesen mindestens 30 Minuten an einem warmen Ort gehen lassen.
Mit den restlichen Zutaten einen geschmeidigen Hefeteig kneten und ovale Semmeln formen. Die beiden typischen Einschnitte nicht vergessen!
Die Weggla auf ein bemehltes Blech setzen und bei 190 °C ca. 30 Minuten backen. Nach dem Herausnehmen aus dem Ofen mit zerlaufener Butter bepinseln.

Rahmblootz

„Blootz" ist ein Ausdruck aus dem Unterfränkischen und bedeutet nichts anderes als „flacher Kuchen". Er wurde früher beim Brotbacken quasi „nebenher" mitgebacken, wenn man noch „Blootz" (sprich: Platz) im Ofen hatte. Nicht nur in Unterfranken, auch im Hohenloher Land und im Spessart genießt man diesen Blechkuchen, mit dem sich die Bauersfrauen nach der schweren und mühsamen Arbeit des Brotbackens bei einem Teller Suppe gestärkt haben.

Mainfränkischer Rahmblootz

Für den Teig: 500 g Mehl, 30 g Hefe, 1 Ei, 100 g Butter, 75 g Zucker, $^{1}/_{4}$ l warme Milch, 1 Prise Salz.
Für den Belag: 300 g Saure Sahne, 5 EL Zucker, $^{1}/_{2}$ TL Zimt.

Alle Teigzutaten zu einem glatten Teig verrühren und mindestens 30 Minuten an einem warmen Ort gehen lassen.
Auf ein gut gefettetes Backblech streichen.
Alle Zutaten für den Belag verrühren und das Gemisch auf den Hefeteig streichen.
Im auf 200 °C vorgeheizten Ofen 30 Minuten backen.

Nermbercher Lebzelten

Der Begriff „Lebzelten" leitet sich wahrscheinlich ab vom lateinischen Wort „libum" für einen flachen, fladenförmigen Kuchen und bedeutet nichts anderes als „Lebkuchen". Aus dem modernen Sprachgebrauch sind die „Lebzelten" allerdings fast verschwunden, das Wort findet heutzutage kaum noch Verwendung.

Die kleinen Flachkuchen wurden bereits zu Beginn des 13. Jahrhunderts vorwiegend in den Apotheken der Klöster unter Verwendung von Heilkräutern, Säften und Bienenhonig gebacken, damals wohl nur zur Bereicherung des Speiseplans der Klosterbrüder und -schwestern. Erst einhundert Jahre später begann die Lebkuchenbäckerei sich auch außerhalb der Klöster auszubreiten.
Mitte des 17. Jahrhunderts war in Nürnberg die Zunft der „Lebzelter", der Lebkuchenbäcker, entstanden, die bereits bei ihrer Gründung vierzehn Lebküchnermeister zählte, welche bis weit über die Stadtgrenzen hinaus höchstes Ansehen genossen. Nur wer von den Bäckern auch seinen eigenen Backofen besaß, hatte das Recht, Lebkuchen herzustellen und zu vertreiben. Die als „Schauer" bezeichneten Gewürzkontrolleure überwachten genauestens die Qualität der für die Lebkuchenherstellung verwendeten Gewürze.
Bienenhonig war nach wie vor eine der wichtigsten Zutaten, und den gab es im nahe gelegenen Nürnberger Reichswald zur Genüge. Durch die Geschäfte der Nürnberger Kaufleute mit dem Orient und dem Handelszentrum Venedig standen den „Lebzeltern" der Stadt reichlich kostbare Gewürze und Spezereien, wie beispielsweise Zimt, Anis, Kardamom, Muskat, Nelken, Ingwer und Koriander, für dieses exklusive Backwerk zur Verfügung.
Noch heute widmen sich in der Frankenmetropole zahlreiche kleine Handwerksbetriebe der Tradition der Lebkuchenbäckerei, und das mit weltweitem Erfolg.
Für den Hobby-Lebkuchenbäcker empfiehlt es sich, die Lebkuchen einige Wochen vor Weihnachten zu backen und bis zum Fest in fest verschlossenen Blechdosen aufzubewahren, damit sie während der Lagerung weich und mürbe werden.

Nermbercher Lebzelten

100 g Butter, 170 g Zucker, 4 Eier, 300 g Mehl, 1 Päckchen Backpulver, $^{1}/_{4}$ l Milch, 1 Päckchen Lebkuchengewürz, 2 EL Kakao, 150 g Nüsse, gerieben, 100 g Zitronat, gehackt, 100 g Rosinen, überbrüht, 2 EL Rum, Mandeln, Backoblaten.

Butter, Zucker und Eier schaumig rühren. Das Mehl mit dem Backpulver vermischen und unter ständigem Rühren in die Eimasse geben. Die Milch dazugeben und verrühren. Kakao, Nüsse, Gewürze und Früchte unter den Teig heben. Gut durchkneten.

Mit einem Löffel die Teigmasse auf die Oblaten streichen.

Im vorgeheizten Backofen 15–20 Minuten bei 180 °C backen.

Die noch warmen Lebkuchen wahlweise mit Schokoladenglasur oder mit Rumguss bestreichen und mit ganzen Mandeln dekorieren.

Biscuits au Gingembre

Nermbercher Springerle

Schon im Mittelalter stellte man in den Klöstern dieses weiße, zarte Eiergebäck her, das seinen Namen wahrscheinlich deshalb erhielt, weil der Teig während des Backvorgangs um mehr als die Hälfte „aufspringt", also „aufgeht". Eine andere Erklärung wäre, dass eines der beliebtesten Motive das Pferdchen, das „Springerle", war. Der Teig für den Eierzucker

wird mit Hilfe einer sogenannten „Model" geformt, einer Holzform, die es mit den verschiedensten Motiven gibt.
Die ersten Modeln wurden aus Ton hergestellt, erst ab dem 16. Jahrhundert verwendete man kunstvolle, aufwendig geschnitzte Holzformen, die von Generation zu Generation in der Familie weitergereicht wurden.
„Szenisches" Gebäck war sehr beliebt, denn mit verschiedenen Modeln konnte man ganze Geschichten nachstellen und erzählen.
Der Eierzucker war nicht nur als Leckerei für die Weihnachtstafel gedacht, er diente auch – bunt bemalt – als Weihnachtsbaumschmuck.
Wer dieses süße Gebäck lieber auf dem Teller als am Christbaum sieht, sollte es mindestens vier Wochen vor Verzehr herstellen, um es dann trocken und kühl ruhen zu lassen, denn nur so wird es zart und mürbe.

Nermbercher Springerle oder Eierzucker

500 g Mehl, 500 g Puderzucker, abgeriebene Schale einer Zitrone, 4 Eier, 1 Prise Hirschhornsalz, Speisestärke zum Einstäuben, Butter zum Einfetten, 2 EL Aniskörner.

Eier mit Puderzucker so lange schaumig schlagen, bis der Zucker völlig aufgelöst ist. Die restlichen Zutaten einarbeiten. Den Teig in Alufolie wickeln und mindestens 2 Stunden ruhen lassen. Teig 1 cm dick ausrollen, leicht bemehlen, dann Model aufdrücken, Rand abschneiden. Die ausgeformten Plätzchen auf ein mit Aniskörnern bestreutes Blech setzen, wo sie mindestens 24 Stunden in einem warmen Raum abtrocknen müssen, bevor sie bei 150 °C ca. 20–25 Minuten gebacken werden.

Schneeballen

Ein weiteres, sehr beliebtes Schmalz- oder Fettgebackenes sind die Schneeballen, eine Spezialität aus dem mittelfränkischen Rothenburg ob der Tauber. Traditionell wurden Schnellballen früher nur zu Hochzeiten oder zur Kerwa hergestellt, heute jedoch wird das Schmalzgebäck ganzjährig in den dortigen Bäckereien angeboten.

Rothenburger Schneeballen

750 g Mehl, 1 EL Zucker, 4 Eigelb, 2 Eier, 9 EL Sahne, 1 Prise Salz, Butterschmalz zum Ausbacken, Puderzucker.

Alle Zutaten zu einem glatten, geschmeidigen Teig verkneten.
Den Teig etwa 4 mm dick ausrollen und mit dem Teigrad ca. 20 cm große Quadrate ausrädeln. In jedes Teigstück mit dem Teigrädchen nochmals ca. 1–1,5 cm breite Streifen rädeln, aber so, dass ringsum ein Rand stehen bleibt. Mit dem Kochlöffelstiel jeden zweiten Streifen aufnehmen und übereinanderlegen.

Das Butterschmalz in einer großen Pfanne erhitzen und die Schneeballen portionsweise in das heiße Fett gleiten lassen.
Anfangs mit zwei Gabeln etwas zusammenhalten, damit sie ihre runde Form behalten.
Goldbraun ausbacken, aus dem Fett nehmen und auf Küchenpapier gut abtropfen lassen.
Abkühlen lassen und mit Puderzucker bestreuen.

Schwarzbeerenkuchen

Im Spätsommer ist Schwarz- oder Blaubeerenzeit. Während sich bereits die Blätter der Pflanze langsam verfärben, sind die Beeren reif für die Ernte, süß, prall und saftig. Genau der richtige Zeitpunkt zum Auftakt der Kerwa-Saison, denn als Kerwa-Gebäck eignet sich der herrlich süße, schmackhafte Schwarzbeerkuchen ganz besonders.
Es liegt am regionalen Dialekt, welche Frucht einem gerade mundet, ob die Schwarz-, die Heidel- oder die Blaubeere. Im Fränkischen ist es auf jeden Fall die Schwarzbeere.

Schwarzbeerenkuchen

200 g Vollkornmehl, 200 g Mehl, 1 Päckchen Backpulver, 150 g Zucker, 1 Päckchen Vanillezucker, 300 ml Buttermilch, 3 Eier, 100 g weiche Butter, 500 g Schwarzbeeren, Zucker und Zimt zum Bestreuen.

Eigelb, 75 g Zucker, Vanillezucker und Butter schaumig rühren. Die Buttermilch dazugeben.
Eiweiß mit dem Rest des Zuckers zu sehr festem Eischnee schlagen. Mehl mit Backpulver mischen und abwechselnd mit dem Eischnee unter die Eigelb-Zucker-Masse ziehen.
Den Teig auf ein mit Backpapier ausgelegtes Backblech verteilen und die Schwarzbeeren gleichmäßig darauf verteilen.
Dann im vorgeheizten Ofen bei 200°C etwa 30 Minuten goldbraun backen.
Mit etwas Puderzucker und Zimt bestreuen.

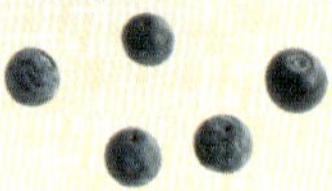

Spritzkuchen

Ein typisches Faschings- oder Kerwagebäck ist der aus Brandteig hergestellte Spritzkuchen, der mit einem Spritzbeutel oder einer Kuchenspritze auf Pergamentpapier zu langen Teigstreifen geformt und danach in Butterschmalz schwimmend gebacken wird.
Die Fastnachtszeit umfasste die letzten Tage vor dem 40-tägigen Fasten, in denen noch tierische Fette verzehrt werden durften. Deshalb war es ratsam, die letzten, vom Winter übrig gebliebenen Reste noch während der Faschingszeit aufzubrauchen. Was bot sich dafür besser an als Spritzkuchen, Krapfen, Hasenöhrl, Küchle und sonstiges Schmalzgebäck?

Spritzkuchen

500 ml Wasser, 130 g Butter, 2 EL Zucker, 250 g Mehl, 1 Päckchen Backpulver, 6 Eier, Butterschmalz zum Ausbacken.

Wasser erhitzen und darin die Butter schmelzen. Den Topf von der Herdplatte nehmen und das gesiebte Mehl hinzugeben. Einen glatten Kloß daraus formen und diesen noch einmal kurz erhitzen. Erneut den Topf von der Hitze nehmen und den Teigkloß abkühlen lassen. Dann den Zucker, die Eier und das Backpulver unterziehen.
Den Teig in einen Spritzbeutel einfüllen und ca. 15 cm lange Streifen auf ein in heißes Backfett getauchtes Pergamentpapier spritzen. Die Teigstreifen sofort schwimmend in heißem Butterschmalz goldgelb backen.
Auf Küchenpapier abtropfen lassen, mit Puderzucker bestreuen und noch warm servieren.

Braada Kuung

Der Braada (Breite) Kuung ist vom oberfränkischen Kaffeetisch nicht wegzudenken. Es gibt ihn mit verschiedenen Belägen, so z. B. mit Quark (Keeskuung), mit Nüssen (Nusskuung) oder in seiner beliebtesten Form mit Butterstreuseln als Streuselkuchen (Streiselkuung). Auf Kirchweihfesten (Kerwa) oder bei Konfirmationen wird gerne Braada Kuung mit unterschiedlichen Belägen serviert.

Streiselkuung

Für den Teig: 1 Päckchen Hefe, 1 TL Zucker, 1/4 l handwarme Milch, 60 g Butter, 500 g Mehl, 50 g Zucker, 1 Prise Salz.
Für den Belag: 250 g Butter, 250 g Zucker, 400 g Mehl.

Für den Vorteig zerbröckelte Hefe und den Zucker in der Milch auflösen. Zugedeckt an einem warmen Ort 10 Minuten gehen lassen. Bei Verwendung von Trockenhefe diese mit dem Mehl vermischen!
Butter zerlassen, mit Mehl, Zucker und etwas Salz in eine Schüssel geben. Den Vorteig zufügen und mit dem Knethaken des Handrührers zu einem glatten Teig kneten. Zugedeckt an einem warmen Ort zur doppelten Größe aufgehen lassen. Noch einmal kneten und ausrollen, auf einem gefetteten oder mit Backpapier ausgelegten Backblech auslegen. Noch einmal ca. 30 Minuten gehen lassen. In der Zwischenzeit Streusel vorbereiten, indem man die Zutaten vermengt und mit den Händen zu Streuseln zusammendrückt. Auf dem Teig verteilen.
Bei 180 °C, vorgeheizt, 30 Minuten backen.

Tante Ernas Nusskranz

Festtage wie Weihnachten oder Geburtstage verbinden viele Familien mit dem Geschmack von Vanillebuttercreme und Aprikosenmarmelade, denn eine Festlichkeit ohne diesen süßen Hochgenuss ist kaum denkbar. Diese Familienrezepte wurden jahrzehntelang gehütet und nur mündlich weitergegeben. Die Herstellung ist zwar zeitaufwändig und nicht ganz einfach, aber – und alle Familienmitglieder sind dieser Meinung – ohne Frage lohnen sich die Mühe und der Aufwand.

Tante Ernas Nusskranz

Für den Teig: 250 g Margarine, 250 g Zucker, 4 Eier, 300 g Mehl, 1 Päckchen Vanillezucker, 1 Backpulver, 1 EL Milch.
Für die Buttercreme: 250 g Butter, 1 1/2 Päckchen Vanillepuddingpulver, 750 ml Milch, 3–4 EL Zucker, Rum-Aroma nach Geschmack.
Für den Haselnusskrokant: 1 Msp. Butter, 100 g Zucker, 200 g gehackte Haselnüsse oder Mandeln.
Außerdem: 1 Glas Aprikosenmarmelade.

Boden: Alle Zutaten in einer großen Schüssel zu einem glatten Teig verrühren und in einer gefetteten Kranzform bei 175 °C ca. 50–60 Minuten backen.
Vanillebuttercreme: Vanillepudding nach Anweisung kochen. Abkühlen lassen, dabei gelegentlich umrühren, um die Hautbildung auf dem Pudding zu verhindern. Die Butter in kleine Stücke schneiden und mit dem Handrührgerät schaumig schlagen. Die kalte Puddingmasse nach und nach unter die Butter rühren. Mit Rum-Aroma abschmecken. WICHTIG: Butter und Puddingmasse müssen die gleiche Temperatur haben, am besten Zimmertemperatur.

Haselnusskrokant: Butter und Zucker zerlassen, Nüsse darunterrühren und unter ständigem Rühren leicht anrösten. VORSICHT: Die Nüsse brennen leicht an!
Fertigstellung: Kuchen abkühlen lassen und dreimal quer durchschneiden (es müssen 4 Scheiben entstehen). Den unteren Boden mit Aprikosenmarmelade dick bestreichen. Nächste Scheibe auf die Marmelade setzen und mit Creme bestreichen. Die zweite Scheibe aufsetzen und ebenfalls mit Creme bestreichen. Nun den Deckel aufsetzen und rundum den Kuchen mit Buttercreme bestreichen.
Nun den Krokant mit der Hand gleichmäßig an den Seiten und auf der Kuchenoberfläche auftragen und leicht festdrücken.

Bratwurst im Schlafrock

Das Wort „Bratwurst" leitet sich nicht etwa von der Zubereitungsart der Wurst, sondern von deren Herstellung ab: Die Wurst wird mit „Brät" gefüllt, klein gehacktem oder durchgelassenem Fleisch. Es gibt unzählige Arten von Bratwürsten; darunter besonders die regionalen Spezialitäten, wie beispielsweise die fränkischen Bratwürste, die sich durch ihren hohen Majorangehalt auszeichnen.

Bratwurst im Schlafrock

4 Bratwürste, 4 Stück Blätterteig (TK-Fertigware), 250 g Sauerkraut, 1 Zwiebel, 1 EL Schmand, 1 Eigelb zum Bestreichen, Butterschmalz zum Ausbacken, Kümmel nach Geschmack, 1 Prise Zucker, Salz und Pfeffer.

Zwiebel schälen, halbieren, in feine Streifen schneiden und im Butterschmalz andünsten. Sauerkraut (ohne Flüssigkeit!) hinzufügen, nach Geschmack würzen und leicht braun anbraten. Vom Herd nehmen, mit ein wenig Schmand verfeinern und abkühlen lassen. Bratwürste kurz und sehr heiß an-, aber nicht durchbraten.

Für jede Bratwurst ein Stück Blätterteig bereitlegen. Das kalte Sauerkraut auf den Blätterteigstücken verteilen und die Bratwürste darauflegen. Die Teigkanten mit Eigelb gut bepinseln. Den Teig einschlagen, sodass eine Tasche entsteht und die Wurst und das Sauerkraut fest eingepackt sind. Teigtaschen auf der Oberseite mit Eigelb bepinseln. Im vorgeheizten Ofen auf einem mit Backpapier ausgelegten Blech bei 200 °C ca. 25–30 Minuten backen.

Dazu passen gemischter Salat und ein frisch gezapftes Bier.

Franken-Fladen

Für den Teig: 1000 g gekochte Kartoffeln, 250 g Mehl, 20 g Frischhefe, $^1/_2$ TL Salz, lauwarmes Wasser.
Für den Belag: 150 g Quark, 200 ml Sahne, 1 Ei, 1 Prise Salz, Kümmel, Mohn und Schnittlauch nach Geschmack.

Für den Teig: Die Hefe mit wenig lauwarmem Wasser auflösen. Die noch warmen Kartoffeln durch die Presse drücken und mit dem Mehl, der Hefe und dem Salz zu einem glatten Teig kneten. Auf einem gut gefetteten Backblech auswellen und einen Rand andrücken.
Für den Belag: Alle Zutaten gut vermischen und die Masse auf den Teig streichen.
Bei 220 °C ca. 30 Minuten backen.

Bratwursttorte

Dass man in Franken die Bratwurst nicht immer brät oder grillt, sondern sie auch als herzhafte Tortenfüllung verwendet, zeigt dieses alte Familien-Rezept. Am besten nimmt man dazu die feinen fränkischen Bratwürste, die durch ihren hohen Majorananteil, weißen Pfeffer, Piment und Muskat geschmacksintensiv und einzigartig sind.

Fränkische Bratwursttorte

600 g frische fränkische Bratwürste, 250 g Mehl, 125 g Butter, 3 Eier, 200 g Schmand, 1 EL mittelscharfer Senf, 1 Bund Schnittlauch, 1 Prise Salz, Kümmelpulver, Butterschmalz, Semmelbrösel.

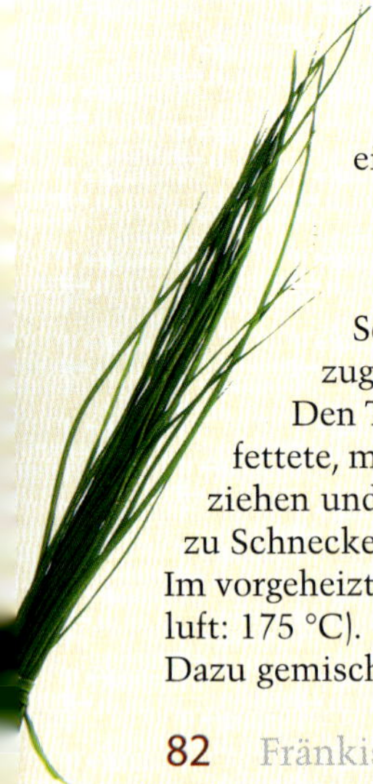

Teig: Die Butter schmelzen, mit dem Mehl und einem Ei verrühren, Salz und Kümmel daruntermischen. Gut durchkneten und zu einem glatten Teig verarbeiten.

Den Teig zugedeckt mindestens 30 Minuten im Kühlschrank kalt stellen.

Füllung: Den Schnittlauch waschen und in Röllchen schneiden. Schmand, Senf und zwei Eier verrühren, die Schnittlauchröllchen dazugeben.

Den Teig auf einer bemehlten Arbeitsfläche ausrollen und damit eine gefettete, mit Semmelbrösel bestreute Springform auslegen. Den Teigrand hochziehen und den Boden mehrmals mit einer Gabel einstechen. Die Bratwürste zu Schnecken formen und auf den Teig legen. Die Füllung darübergießen.

Im vorgeheizten Backofen ca. 40 Minuten goldbraun backen (E-Herd: 200 °C; Umluft: 175 °C).

Dazu gemischter Salat und ein Weißbier.

Sauerkrautkuchen

Kalorienarm, aber reich an Vitaminen ist das Sauerkraut, und im bayerisch-fränkischen Raum eine beliebte Beilage zu Würsten wie Bratwurst, Blut- und Leberwurst oder zu Leberkäse. Schon unsere Vorfahren wussten, dass der Verzehr von Sauerkraut allerlei Mangelerscheinungen vorbeugen und somit Krankheiten verhindern konnte.
Auch als Zutat im Kuchen ist Sauerkraut eine leckere Sache und ergibt in Verbindung mit Räucherspeck, Käse und Gewürzen wie Kümmel und Majoran eine deftige Mahlzeit.

Fränkischer Sauerkrautkuchen

500 g Weinsauerkraut, 200 g gewürfelter Räucherspeck, 150 g Schmand, 2 große Eier, 150 g gehäutete Tomaten, 100 g Butter, 150 g Mehl, 100 g geriebener Emmentaler, 1 Knoblauchzehe, 1/2 Bund Schnittlauch, 1 TL Kümmel, 1 TL Majoran, Salz und Pfeffer.

Butter schmelzen und mit dem Mehl und einer Prise Salz zu einem Teig verkneten. Diesen über Nacht abgedeckt im Kühlschrank ruhen lassen.
Die Räucherspeckwürfel in der heißen Pfanne leicht andünsten. Tomaten entkernen, halbieren und in feine Streifen schneiden.
Sauerkraut gut abtropfen lassen, mit Kümmel, Majoran und Speckwürfeln vermischen. Eier verquirlen und den Schmand unterziehen. Den Knoblauch schälen und pressen, den geputz-

ten Schnittlauch in Röllchen schneiden und mit dem Knoblauch zur Ei-Schmand-Masse geben. Mit Salz und Pfeffer würzen.
Den Teig ausrollen und damit eine Tarte-Form auslegen, Rand überlappen lassen und das Sauerkraut einfüllen. Die Ei-Schmand-Masse darüber verteilen.
Die Tomatenstreifen rundum legen und mit Käse bestreuen. Den Teigrand abtrennen und die Tarte im Ofen bei ca. 200 °C 30 Minuten backen.
Den Sauerkrautkuchen warm zu einem Glas trockenen Weißwein oder einem kühlen Pilsener servieren.

Zwiebelkuchen

Zwiebelkuchen oder Zwiebelblootz werden in den fränkischen Weingegenden am Main im Herbst traditionsgemäß zum Federweißen oder Federroten serviert. Der Boden kann aus Hefe-, aber auch aus Mürbeteig hergestellt werden, belegt wird er mit Zwiebeln, Räucherspeck oder Schinken und Crème fraîche oder Sauerrahm. Jede Region hat ihre eigenen Rezepte, auf jedem Weinfest wird der Zwiebelkuchen ein klein wenig anders zubereitet als im Nachbarort.

Hammelburger Zwiebelkuchen

Für den Hefeteig: 400 g Weizenmehl, 50 g Butter, 40 g Frischhefe, $^1/_2$ TL Salz, etwas lauwarmes Wasser.

Für den Belag: 100 g Räucherspeck, 1 Becher Sauerrahm, 3 Eier, 2 EL Butter, 1000 g Zwiebeln, Muskat, Kümmel, Salz und Pfeffer nach Geschmack.

Aus Mehl, Hefe und Wasser einen Vorteig herstellen und diesen etwa 10 Minuten gehen lassen. Salz und geschmolzene Butter dazugeben und daraus einen geschmeidigen Hefeteig herstellen. Diesen an einem warmen Ort mindestens 30 Minuten ruhen lassen. Noch einmal kräftig mit den Händen durchkneten und noch einmal ca. 20 Minuten ruhen lassen. Währenddessen die Zwiebeln schälen, halbieren und in feine Ringe schneiden. Den Räucherspeck fein würfeln und zusammen mit den Zwiebelhalbringen in Butter glasig dünsten. Abkühlen lassen.

In einem hohen Gefäß Sauerrahm, Eier, die Gewürze und Salz gut verquirlen. Den Teig in einer gut gefetteten Springform verteilen, die Zwiebel-Speck-Masse darauf verteilen und darüber die Ei-Sahne-Mischung geben.
Im auf 220 °C vorgeheizten Backofen 30–35 Minuten backen lassen.

Den Zwiebelkuchen lauwarm zu einem Glas neuen Wein, rot oder weiß, servieren.

Kartoffel-Apfel-Kuchen

Erd- und Baumäpfel vereinen sich in diesem Rezept zu einem köstlich-deftigen Kuchen, der herrlich zu einem Glas Federweißen oder einem Glas Weißwein mundet – ein schmackhaftes, leichtes Zwischengericht oder ein sommerliches Abendessen.

Kartoffel-Apfel-Kuchen

1 großer säuerlicher Apfel, 500 g Kartoffeln, 2 große Zwiebeln, 50 g Butter, 100 g geriebener Schweizer Käse, 200 g Crème fraîche, 3 Eier, 50 g Sahne, Thymian, Salz und Pfeffer, 1 fertiger TK-Pizzateig.

Kartoffeln waschen und 25 Minuten lang kochen. Abschrecken, schälen und abkühlen lassen.

Zwiebeln schälen, halbieren und in feine Streifen schneiden. Die Butter erhitzen und die Zwiebelstreifen darin glasig dünsten. Den Apfel waschen, vierteln, entkernen und in Spalten schneiden. Crème fraîche, Eier, Sahne und Thymian (nach Geschmack) verquirlen. Mit Salz und Pfeffer abschmecken. Eine gefettete Springform mit dem Pizzateig auslegen.

Die gekochten Kartoffeln in gleichmäßig dicke Scheiben schneiden und damit den Teig belegen. Zwiebeln und Apfelschnitze darüberschichten. Mit der Eiersahne begießen und mit dem Käse bestreuen.

Im auf 200 °C vorgeheizten Ofen ca. 45 Minuten. backen.

Speckkuchen

Ein Rezept für die Erntezeit, wenn es in der Küche schnell gehen sollte, weil das Heu eingefahren werden, die Kühe gemolken und das Vieh versorgt werden musste. Es sollte den Feldarbeitern, die den ganzen Tag in der Sonne schufteten, neue Kräfte verleihen und sie sättigen und die Köchin nicht zu lange am Herd aufhalten. Alle dafür benötigten Zutaten waren im bäuerlichen Haushalt vorhanden.

Speckkuchen nach Bauernart

Für den Teig: 300 g Mehl, 150 g Quark, 1 Ei, 100 g Butter, 1 Päckchen Backpulver, Salz nach Geschmack.
Für den Belag: 250 g Quark, 100 ml Sahne, 3 Eier, 2 kleine Zwiebeln, 100 g Reibekäse, 150 g Räucherspeck, Muskat, Salz und Pfeffer nach Geschmack.

Teig: Mehl mit Backpulver mischen. Quark, weiche Butter, Salz und Ei verrühren. Das Mehl unterkneten und den Teig 30 Min. ruhen lassen.
Belag: Zwiebeln in feine Ringe schneiden und in einer Pfanne mit dem Speck glasig dünsten. Quark, Eier und Sahne mit den Gewürzen mischen und abschmecken. Speck-Zwiebel-Mischung und den Reibekäse untermengen. Das Backblech mit Backpapier auslegen. Den Teig auswalken, auf das Blech legen und einen Rand hochziehen. Mit der Speck-Quark-Masse bestreichen.
Im vorgeheizten Ofen bei 180 °C ca. 45 Minuten backen.
Dazu passt ein Glas kühles Bier.

Inhalt

Deftig

Bibliografische Information der Deutschen Nationalbibliothek

Die Deutsche Nationalbibliothek verzeichnet diese Publikation in der Deutschen Nationalbibliografie; detaillierte bibliografische Daten sind im Internet über http://dnb.dnb.de abrufbar.

5. Auflage 2023

Gesamtherstellung: Husum Druck- und Verlagsgesellschaft
Postfach 1480, D-25804 Husum – www.verlagsgruppe.de
Kochstudio: ppfotodesign Frauke Pump

ISBN 978-3-89876-446-9